German Reading Comprehension Texts: Beginners - Book One

German Reading Comprehension Texts for Beginners

Mikkelsen Dubois

Published by Mikkelsen Dubois, 2023.

GERMAN READING COMPREHENSION TEXTS: BEGINNERS - BOOK ONE

First edition. May 1, 2023.

ISBN: 979-8223364061

Written by Mikkelsen Dubois.

Table of Contents

How to Use This German Reading Comprehension Book

Step 1: Choose the Right Text Level

The first step in doing a German reading comprehension exercise is to choose the right text level. The text should be appropriate for the learner's level and interests. For beginners, texts with simpler vocabulary and shorter sentences are ideal. For more advanced learners, more complex texts can be used. Mikkelsen Dubois offers German Reading Comprehension Texts in different levels - beginner, intermediate and advanced, as well as First Steps for new language learners. It's also important to choose a text that is interesting to the learner. This can help to keep them engaged and motivated, which is crucial for language learning success. Texts on topics like history, culture, and current events can be particularly engaging for learners. Every Mikkelsen Dubois Reading Comprehension Book contains texts on a variety of different topics.

Step 2: Read the Text

Once a suitable text has been chosen, the learner should read it carefully. They should focus on understanding the meaning of the text and how the words and phrases are used in sentences. It's also important to pay attention to the structure of the sentences and the use of grammar. When reading the text, learners should try to read as much as they can without stopping to look up words in a dictionary. This can help to improve their overall comprehension skills and develop their ability to understand the text in context.

Step 3: Analyze the Text

After reading the text, the learner should analyze it to deepen their understanding. This involves paying attention to the structure of the sentences, the use of grammar, and the context in which words are used. Learners can ask themselves questions about the text to help them analyze it more deeply.

For example, they could ask themselves:

What is the main idea of the text?

What is the purpose of the text?

What is the tone of the text?

What new words or phrases have I learned from the text?

What new grammar structures have I learned from the text?

By analyzing the text in this way, learners can develop a more comprehensive understanding of the text and improve their comprehension skills. Making a note of new vocabulary, grammar and sentence structure will help the learner in this analysis and support the learning process.

Step 4: Answer the Questions

The next step in doing a German reading comprehension exercise is to answer the questions. In every Mikkelsen Dubois German Comprehension Book, questions are provided with the text. These questions are designed to test the learner's understanding of the text and their ability to apply their knowledge of German vocabulary and grammar. Learners should answer the questions as thoroughly and accurately as possible, using their knowledge of German vocabulary and grammar.

Step 5: Check Answers

After answering the questions, the learner should check their answers. This involves reviewing their responses and ensuring that they are accurate and complete. If the learner has made mistakes, they should try to identify the areas where they need to improve their understanding. This could involve reviewing specific vocabulary or grammar structures or practicing their comprehension skills with more texts.

Step 6: Review and Practice

The final step in doing a German reading comprehension exercise is to review and practice. This involves reviewing the text and the questions and identifying areas for improvement. Learners should use the reading comprehension exercise as a learning tool to improve their comprehension skills and develop their knowledge of German vocabulary and grammar. By regularly practicing with different types of texts and using strategies like taking notes, analyzing the text, and asking questions, learners can improve their comprehension skills more quickly.

Text One

Read the following German comprehension text carefully.

Then answer the questions using the information provided in the text.

Try to answer in full sentences and pay attention to your spelling and grammar.

Once you have answered all the questions, check your answers with the suggested answers.

<u>Apfelstrudel</u>

Apfelstrudel ist ein beliebtes Dessert in Deutschland. Er besteht aus dünnem Teig, der mit Äpfeln, Rosinen, Zimt und Zucker gefüllt wird. Dann wird der Strudel zusammengerollt und im Ofen gebacken, bis er goldbraun und knusprig ist.

Apfelstrudel wird oft mit Vanillesoße oder Sahne serviert. Es ist ein köstlicher Nachtisch, der besonders im Herbst und Winter beliebt ist.

Man kann Apfelstrudel auch zu Hause machen. Es gibt viele Rezepte im Internet und in Kochbüchern. Es ist nicht schwer, den Strudel zu machen, aber es erfordert etwas Geduld und Geschicklichkeit, um den Teig dünn genug zu rollen.

Questions

1. Was ist Apfelstrudel?
2. Aus welchen Zutaten besteht Apfelstrudel?
3. Wie wird Apfelstrudel zubereitet?
4. Womit wird Apfelstrudel oft serviert?
5. Wann ist Apfelstrudel besonders beliebt?
6. Kann man Apfelstrudel zu Hause machen?

Answers

1. Apfelstrudel ist ein beliebtes Dessert in Deutschland.
2. Apfelstrudel besteht aus dünnem Teig, der mit Äpfeln, Rosinen, Zimt und Zucker gefüllt wird.
3. Apfelstrudel wird zusammengerollt und im Ofen gebacken, bis er goldbraun und knusprig ist.
4. Apfelstrudel wird oft mit Vanillesoße oder Sahne serviert.
5. Apfelstrudel ist besonders im Herbst und Winter beliebt.
6. Ja, man kann Apfelstrudel zu Hause machen.

Text Two

Read the following German comprehension text carefully.

Then answer the questions using the information provided in the text.

Try to answer in full sentences and pay attention to your spelling and grammar.

Once you have answered all the questions, check your answers with the suggested answers.

<u>Mein letzter Urlaub</u>

Mein letzter Urlaub war in Spanien. Ich bin mit meiner Familie für zwei Wochen in eine kleine Stadt namens Sitges gefahren. Wir haben in einem schönen Hotel am Strand gewohnt.

Wir haben viele Dinge in Sitges gemacht. Wir haben am Strand entspannt, schwimmen gegangen und Sandburgen gebaut. Wir haben auch viele Ausflüge in der Umgebung gemacht. Wir haben einen Tagesausflug nach Barcelona gemacht und viele interessante Orte besucht.

In Sitges gibt es viele gute Restaurants. Wir haben viele leckere Tapas und Paella gegessen. Wir haben auch viele spanische Weine probiert.

Mein Lieblingsteil des Urlaubs war der Besuch von PortAventura. Das ist ein Freizeitpark mit vielen Achterbahnen und Attraktionen. Es war sehr aufregend und lustig.

Ich vermisse Spanien und ich hoffe, dass ich bald wieder zurückkehren kann.

Questions

1. Wo war der letzte Urlaub der Person?
2. Wie lange war die Person im Urlaub?
3. Wo hat die Person gewohnt?
4. Was hat die Person am Strand gemacht?
5. Was hat die Person in Sitges gegessen?
6. Was war der Lieblingsteil des Urlaubs?
7. Was hofft die Person?

Answers

1. Der letzte Urlaub der Person war in Spanien.
2. Die Person war für zwei Wochen im Urlaub.
3. Die Person hat in einem Hotel am Strand gewohnt.
4. Die Person hat am Strand entspannt, schwimmen gegangen und Sandburgen gebaut.
5. Die Person hat viele leckere Tapas und Paella gegessen und viele spanische Weine probiert.
6. Der Lieblingsteil des Urlaubs war der Besuch von Port Aventura.
7. Die Person hofft, bald wieder nach Spanien zurückkehren zu können.

Text Three

Read the following German comprehension text carefully.

Then answer the questions using the information provided in the text.

Try to answer in full sentences and pay attention to your spelling and grammar.

Once you have answered all the questions, check your answers with the suggested answers.

<u>Berthold Brecht</u>

Berthold Brecht war ein bekannter deutscher Schriftsteller und Regisseur. Er wurde am 10. Februar 1898 in Augsburg geboren und starb am 14. August 1956 in Berlin.

Brecht war vor allem für seine Theaterstücke bekannt. Er war einer der Begründer des epischen Theaters, das sich von dem traditionellen Theater unterscheidet, indem es den Zuschauer nicht nur unterhält, sondern auch zum Nachdenken anregt.

Brecht schrieb viele politische Stücke, die sich kritisch mit der Gesellschaft auseinandersetzen. Sein bekanntestes Werk ist "Die Dreigroschenoper", das er zusammen mit dem Komponisten Kurt Weill geschrieben hat.

Brecht war auch politisch aktiv und engagierte sich für den Kommunismus. Er musste mehrmals vor den Nazis fliehen und verbrachte viele Jahre im Exil.

Questions

1. Wer war Berthold Brecht?
2. Was machte Brecht vor allem bekannt?
3. Was unterscheidet das epische Theater vom traditionellen Theater?
4. Was ist Brechts bekanntestes Werk?
5. Was war Brechts politische Einstellung?

Answers

1. Berthold Brecht war ein bekannter deutscher Schriftsteller und Regisseur.
2. Brecht war vor allem für seine Theaterstücke bekannt.
3. Das epische Theater regt den Zuschauer zum Nachdenken an und unterscheidet sich von dem traditionellen Theater.
4. Brechts bekanntestes Werk ist "Die Dreigroschenoper".
5. Brecht engagierte sich für den Kommunismus.

Text Four

Read the following German comprehension text carefully.

Then answer the questions using the information provided in the text.

Try to answer in full sentences and pay attention to your spelling and grammar.

Once you have answered all the questions, check your answers with the suggested answers.

<u>Die Berliner Mauer</u>

Die Berliner Mauer war eine Mauer, die Berlin in zwei Teile geteilt hat. Sie wurde 1961 gebaut und war 28 Jahre lang ein Symbol des Kalten Krieges. Der Zweck der Mauer war es, Ost- und West-Berlin voneinander zu trennen und Fluchtversuche von Ost nach West zu verhindern.

Die Mauer war 155 Kilometer lang und hatte Wachtürme, Stacheldrahtzäune und Minenfelder. Viele Menschen haben versucht, die Mauer zu überwinden, aber viele sind dabei gestorben oder wurden gefangen genommen.

Die Berliner Mauer wurde 1989 durch den Fall der Mauer symbolisch zusammengebrochen. Heute gibt es nur noch wenige Reste der Mauer, aber sie bleibt ein wichtiger Teil der deutschen Geschichte und ein Symbol der Einheit und Freiheit.

Questions

1. Was war die Berliner Mauer?
2. Warum wurde die Mauer gebaut?
3. Wie lange stand die Mauer?
4. Wie war die Mauer gesichert?
5. Was geschah 1989?
6. Was bleibt von der Mauer heute?

Answers

1. Die Berliner Mauer war eine Mauer, die Berlin in zwei Teile geteilt hat.
2. Die Mauer wurde gebaut, um Ost- und West-Berlin voneinander zu trennen und Fluchtversuche von Ost nach West zu verhindern.
3. Die Mauer stand 28 Jahre lang.
4. Die Mauer war gesichert mit Wachtürmen, Stacheldrahtzäunen und Minenfeldern.
5. 1989 brach die Mauer symbolisch zusammen.
6. Heute gibt es nur noch wenige Reste der Mauer.

Text Five

Read the following German comprehension text carefully.

Then answer the questions using the information provided in the text.

Try to answer in full sentences and pay attention to your spelling and grammar.

Once you have answered all the questions, check your answers with the suggested answers.

<u>Die österreichische Küche</u>

Die österreichische Küche ist bekannt für ihre deftigen Gerichte und süßen Leckereien. Ein bekanntes Gericht ist zum Beispiel Wiener Schnitzel, das aus dünnem Kalbfleisch, das paniert und gebraten wird, besteht. Es wird oft mit Kartoffelsalat serviert. Eine weitere Spezialität ist Tafelspitz, das aus gekochtem Rindfleisch mit Gemüse besteht.

Süße Leckereien wie Sachertorte und Apfelstrudel sind ebenfalls sehr beliebt. Sachertorte ist ein Schokoladenkuchen mit einer Schicht Aprikosenmarmelade und Schokoladenglasur. Apfelstrudel ist ein süßes Gebäck, das mit Äpfeln, Rosinen und Zimt gefüllt ist.

Zu den österreichischen Getränken gehört das berühmte Bier und Wein. Das Bier ist oft ein Pils oder ein Märzen, während der Wein aus verschiedenen Regionen stammen kann, wie zum Beispiel aus der Steiermark oder dem Burgenland.

Questions

1. Wofür ist die österreichische Küche bekannt?
2. Was ist Wiener Schnitzel und mit was wird es oft serviert?
3. Was ist Tafelspitz?
4. Welche süßen Leckereien sind beliebt in der österreichischen Küche?
5. Was ist Sachertorte und wie wird sie gemacht?
6. Was ist Apfelstrudel und welche Zutaten sind darin enthalten?
7. Welche Getränke sind typisch für die österreichische Küche?

Answers

1. Die österreichische Küche ist bekannt für ihre deftigen Gerichte und süßen Leckereien.
2. Wiener Schnitzel ist ein paniertes Kalbfleisch, das oft mit Kartoffelsalat serviert wird.
3. Tafelspitz ist gekochtes Rindfleisch mit Gemüse.
4. Sachertorte und Apfelstrudel sind beliebte süße Leckereien.
5. Sachertorte ist ein Schokoladenkuchen mit Aprikosenmarmelade und Schokoladenglasur.
6. Apfelstrudel ist ein süßes Gebäck mit Äpfeln, Rosinen und Zimt.
7. Bier und Wein sind typische Getränke der österreichischen Küche.

Text Six

Read the following German comprehension text carefully.

Then answer the questions using the information provided in the text.

Try to answer in full sentences and pay attention to your spelling and grammar.

Once you have answered all the questions, check your answers with the suggested answers.

<u>Der Rhein</u>

Der Rhein ist einer der längsten Flüsse in Europa. Er fließt durch sechs Länder: die Schweiz, Österreich, Liechtenstein, Deutschland, Frankreich und die Niederlande. Der Rhein ist ein wichtiger Fluss für die Wirtschaft in Europa. Viele Schiffe transportieren Waren auf dem Rhein, wie zum Beispiel Kohle, Öl, Autos und Lebensmittel.

Der Rhein ist auch ein beliebtes Reiseziel für Touristen. Es gibt viele Städte entlang des Rheins, wie zum Beispiel Köln, Mainz und Basel. Diese Städte haben eine reiche Geschichte und Kultur. Es gibt auch viele Burgen und Schlösser entlang des Rheins, die man besichtigen kann.

Der Rhein ist jedoch auch ein Fluss mit Gefahren. Im Frühjahr und Sommer kann es zu Hochwasser kommen. Das Hochwasser kann zu Überschwemmungen führen und Schäden an Gebäuden und Infrastruktur verursachen.

Questions

1. Durch wie viele Länder fließt der Rhein?
2. Was wird auf dem Rhein transportiert?
3. Was kann im Frühjahr und Sommer auf dem Rhein passieren?
4. Welche Städte kann man entlang des Rheins besichtigen?

Answers

1. Der Rhein fließt durch sechs Länder.
2. Auf dem Rhein werden Waren wie Kohle, Öl, Autos und Lebensmittel transportiert.
3. Im Frühjahr und Sommer kann es zu Hochwasser kommen, das zu Überschwemmungen und Schäden führen kann.
4. Man kann Städte wie Köln, Mainz und Basel entlang des Rheins besichtigen.

Text Seven

Read the following German comprehension text carefully.

Then answer the questions using the information provided in the text.

Try to answer in full sentences and pay attention to your spelling and grammar.

Once you have answered all the questions, check your answers with the suggested answers.

<u>Der Planet Mars</u>

Der Planet Mars ist der vierte Planet in unserem Sonnensystem. Er ist nach dem römischen Kriegsgott benannt und wird auch als "roter Planet" bezeichnet, weil er eine rötliche Farbe hat. Mars ist kleiner als die Erde und hat eine dünnere Atmosphäre. Die Temperatur auf dem Mars ist sehr kalt, mit Durchschnittstemperaturen von -60 Grad Celsius.

In den letzten Jahren haben Wissenschaftler den Mars genauer erforscht und herausgefunden, dass es auf dem Planeten Wasser gibt. Es gibt auch Hinweise darauf, dass es in der Vergangenheit Leben auf dem Mars gegeben haben könnte.

Die NASA und andere Raumfahrtorganisationen planen derzeit Missionen zum Mars, um mehr über den Planeten zu erfahren und möglicherweise sogar Menschen dort hinzuschicken.

Questions

1. Wo befindet sich der Planet Mars in unserem Sonnensystem?
2. Wie wird der Planet Mars auch genannt?
3. Wie groß ist der Mars im Vergleich zur Erde?
4. Was haben Wissenschaftler in den letzten Jahren über den Mars herausgefunden?
5. Was planen die NASA und andere Raumfahrtorganisationen in Bezug auf den Mars?

Answers

1. Der Planet Mars ist der vierte Planet in unserem Sonnensystem.
2. Der Planet Mars wird auch als "roter Planet" bezeichnet.
3. Der Mars ist kleiner als die Erde.
4. Wissenschaftler haben herausgefunden, dass es auf dem Mars Wasser gibt und dass es möglicherweise in der Vergangenheit Leben auf dem Planeten gegeben hat.
5. Die NASA und andere Raumfahrtorganisationen planen Missionen zum Mars, um mehr über den Planeten zu erfahren und möglicherweise sogar Menschen dort hinzuschicken.

Text Eight

Read the following German comprehension text carefully.

Then answer the questions using the information provided in the text.

Try to answer in full sentences and pay attention to your spelling and grammar.

Once you have answered all the questions, check your answers with the suggested answers.

<u>Eichhörnchen</u>

Eichhörnchen sind kleine Nagetiere, die in Wäldern und Parks leben. Sie haben einen buschigen Schwanz und weiches Fell, das in verschiedenen Farben wie rot, grau und braun sein kann. Eichhörnchen sind sehr schnell und agil und können auf Bäumen und Ästen klettern.

Eichhörnchen ernähren sich hauptsächlich von Nüssen, Samen und Früchten, aber sie essen auch Insekten und Vogeleier. Sie haben im Herbst viel zu tun, wenn sie Nüsse und Samen sammeln, um sie für den Winter zu lagern. Sie verstecken die Nüsse und Samen in Baumhöhlen oder unter Blättern, um sie später zu finden.

Eichhörnchen sind auch für ihre spielerischen Verhaltensweisen bekannt. Sie springen von Baum zu Baum und spielen mit ihren Artgenossen. Manchmal klettern sie sogar auf Vogelhäuser, um sich das Futter zu holen.

Questions

1. Wo leben Eichhörnchen?
2. Wie sehen Eichhörnchen aus?
3. Was ist die Hauptnahrung von Eichhörnchen?
4. Was machen Eichhörnchen im Herbst?
5. Was sind Eichhörnchen für ihr Verhalten bekannt?

Answers

1. Eichhörnchen leben in Wäldern und Parks.
2. Eichhörnchen haben einen buschigen Schwanz und weiches Fell, das in verschiedenen Farben sein kann.
3. Die Hauptnahrung von Eichhörnchen sind Nüsse, Samen und Früchte, aber sie essen auch Insekten und Vogeleier.
4. Im Herbst sammeln Eichhörnchen Nüsse und Samen, um sie für den Winter zu lagern.
5. Eichhörnchen sind für ihr spielerisches Verhalten bekannt und springen von Baum zu Baum oder klettern auf Vogelhäuser.

Text Nine

Read the following German comprehension text carefully.

Then answer the questions using the information provided in the text.

Try to answer in full sentences and pay attention to your spelling and grammar.

Once you have answered all the questions, check your answers with the suggested answers.

<u>Trier</u>

Trier ist eine Stadt in Deutschland, die bekannt für ihre historischen Sehenswürdigkeiten ist. Die Stadt wurde vor mehr als 2000 Jahren von den Römern gegründet und hat seitdem eine reiche Geschichte.

Eines der bekanntesten Sehenswürdigkeiten in Trier ist die Porta Nigra, ein römischer Stadttor aus dem 2. Jahrhundert. Es ist das am besten erhaltene römische Stadttor nördlich der Alpen und ein UNESCO-Weltkulturerbe.

Eine weitere berühmte Sehenswürdigkeit in Trier ist die Konstantinbasilika, die größte erhaltene Einraumhalle aus der römischen Antike. Es wurde im 4. Jahrhundert als Thronsaal für den römischen Kaiser Konstantin erbaut.

Trier hat auch eine schöne Altstadt mit engen Gassen und alten Fachwerkhäusern. Hier kann man durch die Straßen schlendern, in den Boutiquen einkaufen und in den gemütlichen Cafés und Restaurants entspannen.

Questions

1. Wo liegt Trier?
2. Was ist die Porta Nigra?
3. Was ist die Konstantinbasilika?

Answers

1. Trier liegt in Deutschland.
2. Die Porta Nigra ist ein römisches Stadttor aus dem 2. Jahrhundert und ein UNESCO-Weltkulturerbe.
3. Die Konstantinbasilika ist die größte erhaltene Einraumhalle aus der römischen Antike und wurde im 4. Jahrhundert als Thronsaal für den römischen Kaiser Konstantin erbaut.

Text Ten

Read the following German comprehension text carefully.

Then answer the questions using the information provided in the text.

Try to answer in full sentences and pay attention to your spelling and grammar.

Once you have answered all the questions, check your answers with the suggested answers.

<u>Mein Besuch im Zoo</u>

Letzte Woche war ich im Zoo. Ich bin mit meiner Familie dorthin gegangen. Wir haben viele Tiere gesehen und uns sehr amüsiert.

Zuerst haben wir die Elefanten besucht. Sie waren sehr groß und hatten lange Rüssel. Dann sind wir zu den Affen gegangen. Wir haben viele verschiedene Arten von Affen gesehen und sie haben alle sehr lustige Sachen gemacht.

Danach haben wir uns die Löwen und Tiger angesehen. Sie waren sehr schön und majestätisch. Wir haben auch viele Vögel gesehen, darunter Papageien, Eulen und Flamingos.

Wir haben den ganzen Tag im Zoo verbracht und viele Tiere besucht. Wir haben auch eine Fahrt auf dem Karussell gemacht und Eis gegessen.

Ich hatte einen tollen Tag im Zoo und ich freue mich schon darauf, bald wieder dorthin zu gehen.

Questions

1. Wohin ist die Person gegangen?
2. Mit wem ist die Person dorthin gegangen?
3. Welche Tiere haben sie als erstes besucht?
4. Was haben die Affen gemacht?
5. Was haben sie noch gemacht?

Answers

1. Die Person ist in den Zoo gegangen.
2. Die Person ist mit ihrer Familie dorthin gegangen.
3. Sie haben zuerst die Elefanten besucht.
4. Die Affen haben viele lustige Sachen gemacht.
5. Sie haben eine Fahrt auf dem Karussell gemacht und Eis gegessen.

Text Eleven

Read the following German comprehension text carefully.

Then answer the questions using the information provided in the text.

Try to answer in full sentences and pay attention to your spelling and grammar.

Once you have answered all the questions, check your answers with the suggested answers.

<u>Johann Strauss</u>

Johann Strauss war ein berühmter Komponist aus Österreich. Er wurde 1825 in Wien geboren und wuchs in einer musikalischen Familie auf. Sein Vater und seine Brüder waren auch Musiker.

Johann Strauss komponierte viele berühmte Walzer und Operetten. Seine Musik ist sehr beliebt und wird noch heute oft gespielt und gehört. Einige seiner bekanntesten Werke sind "An der schönen blauen Donau", "Die Fledermaus" und "Wiener Blut".

Johann Strauss war sehr erfolgreich und wurde zu Lebzeiten als "Walzerkönig" bezeichnet. Er reiste durch Europa und gab Konzerte. Seine Musik wurde auch in Amerika und Russland bekannt.

Johann Strauss starb im Jahr 1899 in Wien. Seine Musik lebt jedoch weiter und inspiriert bis heute viele Musiker und Zuhörer.

Questions

1. Wer war Johann Strauss?
2. Wo wurde Johann Strauss geboren?
3. In was für einer Familie ist Johann Strauss aufgewachsen?
4. Was hat Johann Strauss komponiert?
5. Was sind einige seiner bekanntesten Werke?
6. Wann und wo ist Johann Strauss gestorben?

Answers

1. Johann Strauss war ein berühmter Komponist aus Österreich.
2. Johann Strauss wurde in Wien geboren.
3. Johann Strauss ist in einer musikalischen Familie aufgewachsen. Sein Vater und seine Brüder waren auch Musiker.
4. Johann Strauss hat viele berühmte Walzer und Operetten komponiert.
5. Einige seiner bekanntesten Werke sind "An der schönen blauen Donau", "Die Fledermaus" und "Wiener Blut".
6. Johann Strauss starb im Jahr 1899 in Wien.

Text Twelve

Read the following German comprehension text carefully.

Then answer the questions using the information provided in the text.

Try to answer in full sentences and pay attention to your spelling and grammar.

Once you have answered all the questions, check your answers with the suggested answers.

<u>Weihnachten</u>

Weihnachten ist ein sehr wichtiger Feiertag in Deutschland. Es wird am 24. und 25. Dezember gefeiert. An Heiligabend, dem 24. Dezember, kommen Familien zusammen und feiern Weihnachten. Sie schmücken den Weihnachtsbaum und stellen Geschenke darunter.

Dann essen sie gemeinsam Abendessen, das oft aus Kartoffelsalat und Würstchen besteht. Danach singen sie Weihnachtslieder und öffnen die Geschenke.

Am ersten Weihnachtstag, dem 25. Dezember, geht die Familie in die Kirche und besucht Verwandte und Freunde. Sie essen ein großes Mittagessen mit traditionellen Weihnachtsgerichten wie Gans, Rotkohl und Klöße.

Weihnachten ist eine besinnliche Zeit, in der man Zeit mit der Familie verbringt und Freude und Liebe teilt.

Questions

1. Wann wird Weihnachten in Deutschland gefeiert?
2. Was machen Familien an Heiligabend?
3. Was machen Familien am ersten Weihnachtstag?
4. Was essen sie am ersten Weihnachtstag?

Answers

1. Weihnachten wird am 24. und 25. Dezember gefeiert.
2. Familien kommen zusammen, schmücken den Weihnachtsbaum und stellen Geschenke darunter. Sie essen gemeinsam Abendessen, singen Weihnachtslieder und öffnen Geschenke.
3. Sie gehen in die Kirche und besuchen Verwandte und Freunde.
4. Sie essen traditionelle Weihnachtsgerichte wie Gans, Rotkohl und Klöße.

Text Thirteen

Read the following German comprehension text carefully.

Then answer the questions using the information provided in the text.

Try to answer in full sentences and pay attention to your spelling and grammar.

Once you have answered all the questions, check your answers with the suggested answers.

<u>Meine Familie</u>

Ich habe eine kleine Familie. Meine Familie besteht aus meinen Eltern und meiner Schwester. Mein Vater heißt Hans und meine Mutter heißt Anna. Meine Schwester heißt Lisa.

Mein Vater arbeitet als Ingenieur und meine Mutter arbeitet als Lehrerin. Meine Schwester geht zur Schule. Wir leben in einem kleinen Haus in der Stadt. Wir haben einen Garten und einen Hund.

In unserer Freizeit machen wir gerne gemeinsame Aktivitäten. Wir gehen zum Beispiel ins Kino oder spazieren im Park. Wir essen auch gerne zusammen zu Abend und reden über unseren Tag.

Questions

1. Wie viele Personen sind in der Familie?
2. Wer sind die Mitglieder der Familie?
3. Was arbeiten die Eltern?
4. Was macht die Schwester?
5. Wo wohnen sie?
6. Was machen sie in ihrer Freizeit?

Answers

1. Es gibt vier Personen in der Familie.
2. Die Mitglieder der Familie sind die Eltern, die Schwester und die Person, die spricht.
3. Der Vater arbeitet als Ingenieur und die Mutter arbeitet als Lehrerin.
4. Die Schwester geht zur Schule.
5. Sie wohnen in einem kleinen Haus in der Stadt.
6. Sie gehen ins Kino oder spazieren im Park und essen gerne zusammen zu Abend.

Text Fourteen

Read the following German comprehension text carefully.

Then answer the questions using the information provided in the text.

Try to answer in full sentences and pay attention to your spelling and grammar.

Once you have answered all the questions, check your answers with the suggested answers.

<u>Das Internet</u>

Das Internet ist eine weltweite Verbindung von Computernetzwerken. Es ermöglicht uns, Informationen auszutauschen, miteinander zu kommunizieren und vieles mehr. Das Internet ist in unserem täglichen Leben sehr wichtig geworden.

Wir können das Internet für viele Dinge nutzen. Wir können online einkaufen, Musik hören, Filme schauen, Nachrichten lesen und mit Freunden und Familie kommunizieren. Das Internet hat auch den Zugang zu Bildung verbessert, da wir online lernen können und auf eine Fülle von Informationen zugreifen können.

Obwohl das Internet viele Vorteile hat, gibt es auch Nachteile. Zum Beispiel können wir süchtig nach dem Internet werden und unsere Zeit damit verschwenden, anstatt uns mit anderen Dingen zu beschäftigen. Das Internet kann auch gefährlich sein, da es Cyberkriminalität und Betrug gibt.

Insgesamt ist das Internet eine wichtige und nützliche Erfindung, aber wir sollten auch vorsichtig sein und uns bewusst sein, wie wir es nutzen.

Questions

1. Was ist das Internet?
2. Was können wir mit dem Internet machen?
3. Wie hat das Internet den Zugang zur Bildung verbessert?
4. Was sind Nachteile des Internets?

Answers

1. Das Internet ist eine weltweite Verbindung von Computernetzwerken.
2. Wir können online einkaufen, Musik hören, Filme schauen, Nachrichten lesen und mit Freunden und Familie kommunizieren.
3. Das Internet hat den Zugang zu Bildung verbessert, da wir online lernen können und auf eine Fülle von Informationen zugreifen können.
4. Nachteile des Internets sind Sucht, Zeitverschwendung und Cyberkriminalität.

Text Fifteen

Read the following German comprehension text carefully.

Then answer the questions using the information provided in the text.

Try to answer in full sentences and pay attention to your spelling and grammar.

Once you have answered all the questions, check your answers with the suggested answers.

<u>Das Oktoberfest</u>

Das Oktoberfest ist das größte Volksfest der Welt und findet jedes Jahr in München statt. Es beginnt normalerweise im September und dauert 16 Tage. Das Oktoberfest zieht jedes Jahr Millionen von Besuchern aus der ganzen Welt an.

Das Oktoberfest ist bekannt für seine Bierzelte und Biergärten, in denen man traditionelles deutsches Bier und Essen genießen kann. Die Besucher tragen oft traditionelle bayerische Kleidung wie Lederhosen und Dirndl.

Das Oktoberfest bietet auch viele Attraktionen wie Achterbahnen, Karussells und Schießstände. Es gibt auch viele Stände, die traditionelle bayerische Produkte wie Brezeln, Lebkuchenherzen und Souvenirs verkaufen.

Das Oktoberfest ist eine einzigartige Erfahrung und bietet eine Mischung aus Kultur, Tradition und Spaß.

Questions

1. Wo findet das Oktoberfest statt?
2. Wann beginnt das Oktoberfest normalerweise?
3. Wie lange dauert das Oktoberfest?
4. Was ist das Oktoberfest bekannt für?
5. Was tragen die Besucher oft?
6. Was bietet das Oktoberfest noch außer Bier und Essen?
7. Was kann man an den Ständen kaufen?

Answers

1. Das Oktoberfest findet in München statt.
2. Das Oktoberfest beginnt normalerweise im September.
3. Das Oktoberfest dauert 16 Tage.
4. Das Oktoberfest ist bekannt für seine Bierzelte und Biergärten.
5. Die Besucher tragen oft traditionelle bayerische Kleidung wie Lederhosen und Dirndl.
6. Das Oktoberfest bietet auch viele Attraktionen wie Achterbahnen, Karussells und Schießstände.
7. An den Ständen kann man traditionelle bayerische Produkte wie Brezeln, Lebkuchenherzen und Souvenirs kaufen.

Text Sixteen

Read the following German comprehension text carefully.

Then answer the questions using the information provided in the text.

Try to answer in full sentences and pay attention to your spelling and grammar.

Once you have answered all the questions, check your answers with the suggested answers.

<u>Wien - Eine schöne Stadt</u>

Wien ist die Hauptstadt von Österreich. Es ist eine sehr schöne Stadt mit vielen Sehenswürdigkeiten und Aktivitäten. Eines der berühmtesten Wahrzeichen von Wien ist das Schloss Schönbrunn, das eine lange Geschichte hat und von vielen Touristen besucht wird. Auch der Stephansdom, ein riesiger Dom im Herzen von Wien, ist ein Muss, wenn man die Stadt besucht.

Wien hat auch eine reiche Kultur und Musikgeschichte. Viele berühmte Musiker, wie Mozart, Beethoven und Schubert, haben hier gelebt und gearbeitet. Man kann in Wien auch viele Konzerte und Opernaufführungen besuchen.

Wenn man in Wien ist, sollte man auch die österreichische Küche probieren. Wiener Schnitzel, Apfelstrudel und Sachertorte sind sehr lecker und bekannt.

Questions

1. Was ist Wien?
2. Wo befindet sich der Stephansdom?
3. Was ist die Musikgeschichte von Wien?
4. Was kann man in Wien essen?

Answers

1. Wien ist die Hauptstadt von Österreich.
2. Der Stephansdom ist ein riesiger Dom im Herzen von Wien.
3. Viele berühmte Musiker, wie Mozart, Beethoven und Schubert, haben in Wien gelebt und gearbeitet.
4. In Wien kann man die österreichische Küche probieren, wie Wiener Schnitzel, Apfelstrudel und Sachertorte.

Text Seventeen

Read the following German comprehension text carefully.

Then answer the questions using the information provided in the text.

Try to answer in full sentences and pay attention to your spelling and grammar.

Once you have answered all the questions, check your answers with the suggested answers.

<u>Das Wetter heute</u>

Heute ist ein sonniger Tag. Die Sonne scheint und der Himmel ist blau. Es ist aber auch sehr kalt. Die Temperatur beträgt nur 5 Grad Celsius.

Es gibt auch einen leichten Wind, der die Blätter der Bäume bewegt. Die Luft ist frisch und klar.

Questions

1. Was für ein Tag ist es heute?
2. Wie ist der Himmel heute?
3. Wie ist die Temperatur heute?
4. Gibt es Wind heute?

Answers

1. Es ist ein sonniger Tag heute.
2. Der Himmel ist blau heute.
3. Die Temperatur beträgt nur 5 Grad Celsius.
4. Es gibt einen leichten Wind heute.

Text Eighteen

Read the following German comprehension text carefully.

Then answer the questions using the information provided in the text.

Try to answer in full sentences and pay attention to your spelling and grammar.

Once you have answered all the questions, check your answers with the suggested answers.

<u>Das Wetter morgen</u>

Morgen wird es sonnig und warm sein. Die Temperatur wird bei 25 Grad Celsius liegen. Es wird kaum Wind geben und die Luftfeuchtigkeit wird niedrig sein.

Es wird ein schöner Tag sein, perfekt für Aktivitäten im Freien. Man kann einen Spaziergang machen, Fahrrad fahren oder im Park picknicken.

Am Abend wird es immer noch warm sein, aber es wird etwas kühler werden. Es wird ein guter Abend sein, um draußen zu sitzen und die Sterne zu betrachten.

Questions

1. Wie wird das Wetter morgen sein?
2. Wie warm wird es sein?
3. Wird es Wind geben?
4. Was kann man bei diesem Wetter machen?
5. Wie wird der Abend sein?

Answers

1. Morgen wird es sonnig und warm sein.
2. Es wird bei 25 Grad Celsius liegen.
3. Es wird kaum Wind geben.
4. Man kann einen Spaziergang machen, Fahrrad fahren oder im Park picknicken.
5. Der Abend wird immer noch warm sein, aber es wird etwas kühler werden.

Text Nineteen

Read the following German comprehension text carefully.

Then answer the questions using the information provided in the text.

Try to answer in full sentences and pay attention to your spelling and grammar.

Once you have answered all the questions, check your answers with the suggested answers.

<u>Ein Ausflug ins Kino</u>

Gestern bin ich mit meinen Freunden ins Kino gegangen. Wir haben uns den neuen Actionfilm angeschaut. Wir haben Popcorn und Limonade gekauft und sind in den Kinosaal gegangen.

Der Film war sehr spannend und wir haben viel gelacht. Die Effekte und das Sound-System waren großartig. Wir haben uns alle sehr gut unterhalten.

Nach dem Film haben wir uns draußen getroffen und über den Film gesprochen. Wir haben unsere Lieblingsszenen diskutiert und darüber gelacht. Dann sind wir zum Restaurant gegangen und haben Burger und Pommes gegessen.

Insgesamt war es ein toller Abend. Wir haben viel Spaß gehabt und uns gut amüsiert. Ich freue mich schon darauf, das nächste Mal ins Kino zu gehen.

Questions

1. Wo ist die Person gestern hingegangen?
2. Was für einen Film haben die Person und ihre Freunde gesehen?
3. Was haben die Person und ihre Freunde im Kino gekauft?
4. Wie war der Film?
5. Was haben die Person und ihre Freunde nach dem Film gemacht?
6. Was haben die Person und ihre Freunde zum Abendessen gegessen?
7. Hat die Person den Abend genossen?

Answers

1. Die Person ist gestern ins Kino gegangen.
2. Die Person und ihre Freunde haben sich den neuen Actionfilm angeschaut.
3. Die Person und ihre Freunde haben Popcorn und Limonade gekauft.
4. Der Film war sehr spannend und unterhaltsam.
5. Nach dem Film haben die Person und ihre Freunde sich draußen getroffen und über den Film gesprochen.
6. Die Person und ihre Freunde haben Burger und Pommes gegessen.
7. Ja, die Person hat den Abend genossen und freut sich auf das nächste Mal, ins Kino zu gehen.

Text Twenty

Read the following German comprehension text carefully.

Then answer the questions using the information provided in the text.

Try to answer in full sentences and pay attention to your spelling and grammar.

Once you have answered all the questions, check your answers with the suggested answers.

<u>Meine Familie</u>

Ich habe eine große Familie. Meine Eltern haben vier Kinder, ich bin das zweite Kind. Mein älterer Bruder heißt Peter und meine jüngeren Geschwister sind Lisa und Tim. Peter ist 25 Jahre alt und arbeitet als Ingenieur. Lisa ist 18 Jahre alt und geht noch zur Schule. Tim ist erst 6 Jahre alt und geht in den Kindergarten. Meine Eltern sind beide Lehrer und unterrichten an einer Grundschule.

Wir leben in einem Haus am Stadtrand. Mein Zimmer ist im zweiten Stock und ich teile es mit meiner Schwester Lisa. Wir haben auch ein großes Wohnzimmer und eine Küche im Erdgeschoss. Im Garten haben wir einen Basketballkorb und einen Pool.

Wir unternehmen oft etwas zusammen. Am Wochenende spielen wir gerne Basketball oder schwimmen im Pool. Im Winter gehen wir manchmal Schlittschuhlaufen oder Skifahren. Ich bin sehr glücklich, dass ich eine so tolle Familie habe.

Questions

1. Wie viele Geschwister hat die Person?
2. Wie heißen die Geschwister?
3. Was arbeitet der ältere Bruder?
4. Wie alt ist Lisa und was macht sie?
5. Wie alt ist Tim und wo geht er hin?
6. Was arbeiten die Eltern?
7. Wo leben sie und wie ist das Haus?
8. Was haben sie im Garten?
9. Was unternehmen sie gerne zusammen?

Answers

1. Die Person hat drei Geschwister.
2. Die Geschwister heißen Peter, Lisa und Tim.
3. Peter arbeitet als Ingenieur.
4. Lisa ist 18 Jahre alt und geht noch zur Schule.
5. Tim ist 6 Jahre alt und geht in den Kindergarten.
6. Die Eltern sind beide Lehrer.
7. Sie leben in einem Haus am Stadtrand und haben ein großes Wohnzimmer und eine Küche.
8. Im Garten haben sie einen Basketballkorb und einen Pool.
9. Sie spielen gerne Basketball und schwimmen im Pool. Im Winter gehen sie Schlittschuhlaufen oder Skifahren.

Text Twenty One

Read the following German comprehension text carefully.

Then answer the questions using the information provided in the text.

Try to answer in full sentences and pay attention to your spelling and grammar.

Once you have answered all the questions, check your answers with the suggested answers.

<u>Mein Lieblingsessen</u>

Mein Lieblingsessen ist Pizza. Ich esse gerne Pizza, weil sie sehr lecker und einfach zu machen ist. Ich mache meine eigene Pizza gerne zu Hause. Ich kaufe eine Pizza-Basis im Supermarkt und belege sie mit Tomatensoße, Käse, Schinken, Pilzen und Paprika. Dann backe ich die Pizza im Ofen, bis sie goldbraun und knusprig ist.

Ich esse Pizza gerne zum Mittag- oder Abendessen. Ich esse sie auch gerne als Snack, wenn ich einen Film schaue oder mit Freunden spiele.

Obwohl Pizza sehr lecker ist, sollte man sie nicht jeden Tag essen. Zu viel Pizza kann ungesund sein und zu einer Gewichtszunahme führen. Deshalb esse ich Pizza nur gelegentlich und achte darauf, dass ich auch genug Gemüse und Obst esse.

Questions

1. Was ist das Lieblingsessen der Person?
2. Warum isst die Person gerne Pizza?
3. Wie macht die Person ihre eigene Pizza?
4. Wann isst die Person gerne Pizza?
5. Warum sollte man nicht jeden Tag Pizza essen?

Answers

1. Das Lieblingsessen der Person ist Pizza.
2. Die Person isst gerne Pizza, weil sie sehr lecker und einfach zu machen ist.
3. Die Person kauft eine Pizza-Basis im Supermarkt und belegt sie mit Tomatensoße, Käse, Schinken, Pilzen und Paprika. Dann backt sie die Pizza im Ofen.
4. Die Person isst Pizza gerne zum Mittag- oder Abendessen und auch als Snack.
5. Zu viel Pizza kann ungesund sein und zu einer Gewichtszunahme führen.

Text Twenty Two

Read the following German comprehension text carefully.

Then answer the questions using the information provided in the text.

Try to answer in full sentences and pay attention to your spelling and grammar.

Once you have answered all the questions, check your answers with the suggested answers.

<u>Krampus</u>

Krampus ist ein mythologisches Wesen, das in der alpenländischen Folklore vorkommt. Es wird oft als Begleiter des Weihnachtsmanns dargestellt und ist bekannt für seine groben und unheimlichen Verhaltensweisen. Krampus hat eine Ziegenfellverkleidung, Klauen und Hörner und trägt eine Rute oder Kette.

Traditionell wird Krampus am 5. oder 6. Dezember gefeiert, dem Vorabend von Nikolaus. In einigen Gegenden wird ein Umzug organisiert, bei dem Menschen als Krampus verkleidet durch die Straßen laufen und Kinder erschrecken. Dies soll dazu dienen, unartige Kinder zu bestrafen und daran zu erinnern, dass sie sich benehmen sollten.

Obwohl Krampus in einigen Gegenden noch gefeiert wird, ist die Tradition in anderen Regionen ausgestorben oder wird als zu gruselig und gewalttätig empfunden.

Questions

1. Was ist Krampus?
2. Wie wird Krampus dargestellt?
3. Wann wird Krampus traditionell gefeiert?
4. Was geschieht während Krampus-Umzügen?
5. Ist die Tradition von Krampus in allen Regionen lebendig?

Answers

1. Krampus ist ein mythologisches Wesen.
2. Krampus hat eine Ziegenfellverkleidung, Klauen und Hörner und trägt eine Rute oder Kette.
3. Krampus wird traditionell am 5. oder 6. Dezember gefeiert.
4. Während Krampus-Umzügen laufen Menschen als Krampus verkleidet durch die Straßen und erschrecken Kinder.
5. Nein, die Tradition von Krampus ist in einigen Regionen ausgestorben oder wird als zu gruselig und gewalttätig empfunden.

Text Twenty Three

Read the following German comprehension text carefully.

Then answer the questions using the information provided in the text.

Try to answer in full sentences and pay attention to your spelling and grammar.

Once you have answered all the questions, check your answers with the suggested answers.

<u>Der Sommer in Deutschland</u>

Der Sommer in Deutschland ist sehr schön. Die Temperaturen sind warm und die Sonne scheint viel. Viele Menschen gehen in den Sommerferien in den Urlaub, aber auch in Deutschland gibt es viele schöne Orte, die man besuchen kann.

Im Sommer gibt es viele Aktivitäten, die man machen kann. Man kann schwimmen gehen, im Park picknicken, Fahrrad fahren, grillen und an Festivals teilnehmen. Es gibt auch viele Open-Air-Konzerte und Theateraufführungen.

In einigen Teilen Deutschlands gibt es im Sommer auch Gewitter. Man sollte sich immer auf plötzliche Wetterveränderungen vorbereiten und sich gegebenenfalls schützen.

Der Sommer in Deutschland ist eine schöne Zeit, um die Natur zu genießen und sich zu entspannen. Man sollte die warmen Tage nutzen, um Zeit im Freien zu verbringen und sich mit Freunden und Familie zu treffen.

Questions

1. Wie sind die Temperaturen im Sommer in Deutschland?
2. Wohin gehen viele Menschen in den Sommerferien?
3. Was kann man im Sommer in Deutschland machen?
4. Welche Aktivitäten gibt es im Sommer?
5. Gibt es im Sommer auch Gewitter in Deutschland?

Answers

1. Die Temperaturen im Sommer in Deutschland sind warm.
2. Viele Menschen gehen in den Sommerferien in den Urlaub.
3. Man kann im Sommer in Deutschland schwimmen gehen, im Park picknicken, Fahrrad fahren, grillen und an Festivals teilnehmen.
4. Im Sommer gibt es viele Aktivitäten, wie Open-Air-Konzerte und Theateraufführungen.
5. Ja, in einigen Teilen Deutschlands gibt es im Sommer Gewitter.

Text Twenty Four

Read the following German comprehension text carefully.

Then answer the questions using the information provided in the text.

Try to answer in full sentences and pay attention to your spelling and grammar.

Once you have answered all the questions, check your answers with the suggested answers.

<u>Erneuerbare Energien</u>

Erneuerbare Energien sind eine wichtige Quelle für die Energieversorgung der Zukunft. Im Gegensatz zu fossilen Brennstoffen wie Kohle oder Öl sind erneuerbare Energien unerschöpflich und umweltfreundlich.

Die wichtigsten erneuerbaren Energien sind Solarenergie, Windenergie, Wasserkraft und Biomasse. Solarenergie wird aus der Sonnenenergie gewonnen und kann zum Beispiel zur Stromerzeugung genutzt werden. Windenergie wird aus der Kraft des Windes gewonnen und kann mithilfe von Windrädern in Strom umgewandelt werden. Wasserkraft wird aus der Bewegungsenergie von Wasser gewonnen und kann zur Stromerzeugung in Wasserkraftwerken genutzt werden. Biomasse wird aus organischen Materialien wie Holz oder Abfällen gewonnen und kann zur Erzeugung von Wärme und Strom verwendet werden.

Erneuerbare Energien sind wichtig, um die Umwelt zu schützen und den Klimawandel zu bekämpfen. Sie sind auch eine Chance für neue Arbeitsplätze und eine nachhaltige Energieversorgung.

Questions

1. Warum sind erneuerbare Energien wichtig?
2. Was sind die wichtigsten erneuerbaren Energien?
3. Wie wird Solarenergie gewonnen?
4. Wie wird Windenergie gewonnen?
5. Wie wird Wasserkraft gewonnen?

Answers

1. Erneuerbare Energien sind wichtig, um die Umwelt zu schützen und den Klimawandel zu bekämpfen.
2. Die wichtigsten erneuerbaren Energien sind Solarenergie, Windenergie, Wasserkraft und Biomasse.
3. Solarenergie wird aus der Sonnenenergie gewonnen.
4. Windenergie wird aus der Kraft des Windes gewonnen.
5. Wasserkraft wird aus der Bewegungsenergie von Wasser gewonnen.

Text Twenty Five

Read the following German comprehension text carefully.

Then answer the questions using the information provided in the text.

Try to answer in full sentences and pay attention to your spelling and grammar.

Once you have answered all the questions, check your answers with the suggested answers.

<u>Fußball</u>

Fußball ist ein beliebter Sport auf der ganzen Welt. Es wird mit einem Ball gespielt und es gibt zwei Mannschaften mit je elf Spielern. Das Ziel des Spiels ist es, den Ball ins gegnerische Tor zu schießen und mehr Tore als die andere Mannschaft zu erzielen.

Fußball ist ein Mannschaftssport und erfordert Teamarbeit und Zusammenarbeit. Es gibt verschiedene Positionen auf dem Spielfeld, wie zum Beispiel Stürmer, Mittelfeldspieler und Verteidiger. Jede Position hat ihre eigenen Aufgaben und Verantwortlichkeiten.

Fußball wird auf einem Rasenplatz oder Kunstrasenplatz gespielt. Es gibt verschiedene Wettbewerbe, wie zum Beispiel die Weltmeisterschaft und die Europameisterschaft, bei denen Nationalmannschaften gegeneinander antreten. Es gibt auch nationale Ligen, wie die Bundesliga in Deutschland, bei denen Vereine gegeneinander antreten.

Fußball ist ein unterhaltsamer Sport, der Menschen jeden Alters und jeder Nationalität begeistert.

Questions

1. Wie viele Spieler sind in einer Mannschaft?
2. Was ist das Ziel des Spiels?
3. Welche Positionen gibt es auf dem Spielfeld?
4. Wo wird Fußball gespielt?
5. Welche Wettbewerbe gibt es im Fußball?
6. Wer kann Fußball spielen?

Answers

1. Eine Mannschaft hat elf Spieler.
2. Das Ziel des Spiels ist es, den Ball ins gegnerische Tor zu schießen und mehr Tore als die andere Mannschaft zu erzielen.
3. Es gibt verschiedene Positionen auf dem Spielfeld, wie zum Beispiel Stürmer, Mittelfeldspieler und Verteidiger.
4. Fußball wird auf einem Rasenplatz oder Kunstrasenplatz gespielt.
5. Es gibt verschiedene Wettbewerbe, wie zum Beispiel die Weltmeisterschaft und die Europameisterschaft, bei denen Nationalmannschaften gegeneinander antreten.
6. Menschen jeden Alters und jeder Nationalität können Fußball spielen.

Text Twenty Six

Read the following German comprehension text carefully.

Then answer the questions using the information provided in the text.

Try to answer in full sentences and pay attention to your spelling and grammar.

Once you have answered all the questions, check your answers with the suggested answers.

<u>Silvester</u>

Silvester ist der letzte Tag des Jahres. Viele Menschen feiern Silvester mit Freunden und Familie. Sie essen besondere Speisen, trinken Champagner und schauen sich das Feuerwerk an.

Ich feiere Silvester auch gerne. Ich verbringe den Abend mit meinen Freunden und wir essen Raclette. Raclette ist ein Schweizer Gericht, bei dem man Käse in kleinen Pfannen schmilzt und ihn mit Kartoffeln und verschiedenen Beilagen isst. Wir trinken auch ein Glas Champagner, um das neue Jahr zu begrüßen.

Um Mitternacht gehen wir nach draußen, um das Feuerwerk anzuschauen. Viele Leute in meiner Nachbarschaft haben Feuerwerk gekauft und wir können die bunten Lichter und lauten Knallgeräusche sehen und hören.

Danach tanzen wir oft und hören Musik. Wir feiern das neue Jahr und haben eine gute Zeit zusammen.

Questions

1. Wie verbringt die Person den Abend an Silvester?
2. Was ist Raclette?
3. Was trinkt die Person, um das neue Jahr zu begrüßen?
4. Was machen die Personen um Mitternacht?
5. Was machen die Personen nach dem Feuerwerk?

Answers

1. Die Person verbringt den Abend mit Freunden und isst Raclette.
2. Raclette ist ein Schweizer Gericht, bei dem man Käse in kleinen Pfannen schmilzt und ihn mit Kartoffeln und verschiedenen Beilagen isst.
3. Die Person trinkt ein Glas Champagner, um das neue Jahr zu begrüßen.
4. Die Personen gehen nach draußen, um das Feuerwerk anzuschauen.
5. Die Personen tanzen oft und hören Musik.

Text Twenty Seven

Read the following German comprehension text carefully.

Then answer the questions using the information provided in the text.

Try to answer in full sentences and pay attention to your spelling and grammar.

Once you have answered all the questions, check your answers with the suggested answers.

<u>Zürich - eine wunderschöne Stadt</u>

Zürich ist eine Stadt in der Schweiz und liegt am Zürichsee. Es ist eine wunderschöne Stadt mit vielen historischen Gebäuden und modernen Geschäften. Die Altstadt ist ein beliebtes Touristenziel mit engen Gassen und charmanten Plätzen.

Die Stadt hat auch viele Museen und Kunstgalerien. Das Kunsthaus Zürich ist besonders bekannt für seine Sammlung moderner Kunst. Es gibt auch das Landesmuseum, das die Geschichte der Schweiz zeigt.

Der Zürichsee ist ein wunderschöner Ort, um einen Spaziergang zu machen oder eine Bootsfahrt zu machen. Es gibt auch viele Parks und Gärten, in denen man sich entspannen kann.

Zürich ist auch bekannt für seine Schokolade und sein Käsefondue. Es gibt viele Restaurants und Cafés, die diese Leckereien anbieten.

Questions

1. Wo liegt Zürich?
2. Was gibt es in der Altstadt?
3. Was ist das Kunsthaus Zürich bekannt für?
4. Was zeigt das Landesmuseum?
5. Was kann man am Zürichsee machen?

Answers

1. Zürich liegt in der Schweiz und am Zürichsee.
2. Die Altstadt hat enge Gassen und charmante Plätze.
3. Das Kunsthaus Zürich ist bekannt für seine Sammlung moderner Kunst.
4. Das Landesmuseum zeigt die Geschichte der Schweiz.
5. Man kann am Zürichsee spazieren gehen oder eine Bootsfahrt machen.

Text Twenty Eight

Read the following German comprehension text carefully.

Then answer the questions using the information provided in the text.

Try to answer in full sentences and pay attention to your spelling and grammar.

Once you have answered all the questions, check your answers with the suggested answers.

<u>Karl Benz</u>

Karl Benz war ein berühmter deutscher Ingenieur und Erfinder. Er wurde am 25. November 1844 in Mühlburg, Deutschland geboren und starb am 4. April 1929 in Ladenburg, Deutschland.

Karl Benz ist bekannt für die Erfindung des ersten praktischen Autos, das er im Jahr 1885 entwickelte. Das Auto hatte einen Benzinmotor und fuhr auf drei Rädern. Es hatte eine Höchstgeschwindigkeit von 16 km/h.

Karl Benz gründete später die Firma Benz & Cie., die sich auf die Produktion von Automobilen spezialisierte. Diese Firma wurde später zur Daimler-Benz AG, einem der größten Automobilhersteller der Welt.

Karl Benz war ein Pionier der Automobilindustrie und seine Erfindungen haben die Welt verändert.

Questions

1. Wer war Karl Benz?
2. Wo wurde Karl Benz geboren und gestorben?
3. Wofür ist Karl Benz bekannt?
4. Was bedeutete die Erfindung von Karl Benz für die Welt?

Answers

1. Karl Benz war ein berühmter deutscher Ingenieur und Erfinder.
2. Karl Benz wurde in Mühlburg, Deutschland geboren und starb in Ladenburg, Deutschland.
3. Karl Benz ist bekannt für die Erfindung des ersten praktischen Autos.
4. Die Erfindung von Karl Benz hat die Welt verändert und ihn zu einem Pionier der Automobilindustrie gemacht.

Text Twenty Nine

Read the following German comprehension text carefully.

Then answer the questions using the information provided in the text.

Try to answer in full sentences and pay attention to your spelling and grammar.

Once you have answered all the questions, check your answers with the suggested answers.

Meine Familie

Ich habe eine kleine Familie. Meine Familie besteht aus meinen Eltern, meiner Schwester und mir. Meine Eltern sind beide berufstätig. Mein Vater arbeitet als Ingenieur und meine Mutter arbeitet als Lehrerin.

Meine Schwester ist jünger als ich. Sie ist noch in der Schule und geht in die siebte Klasse. Sie ist sehr sportlich und spielt gerne Fußball.

In unserer Freizeit machen wir oft etwas zusammen. Wir gehen gerne ins Kino, ins Schwimmbad oder machen einen Ausflug in die Natur. Wir essen auch gerne zusammen und kochen abwechselnd.

Ich liebe meine Familie sehr und bin dankbar für sie. Wir haben unsere Höhen und Tiefen, aber wir halten immer zusammen.

Questions

1. Wie viele Personen gibt es in der Familie?
2. Was machen die Eltern beruflich?
3. Wie alt ist die Schwester?
4. Was macht die Schwester gerne?
5. Was machen sie in ihrer Freizeit zusammen?
6. Wie fühlt die Person sich über ihre Familie?

Answers

1. Es gibt vier Personen in der Familie.
2. Der Vater arbeitet als Ingenieur und die Mutter arbeitet als Lehrerin.
3. Die Schwester geht in die siebte Klasse.
4. Die Schwester spielt gerne Fußball.
5. Sie gehen ins Kino, ins Schwimmbad oder machen einen Ausflug in die Natur. Sie essen auch gerne zusammen und kochen abwechselnd.
6. Die Person liebt ihre Familie sehr und ist dankbar für sie.